JULIO S. SAGRERAS

FIRST LESSONS FOR GUITAR

Las Primeras Lecciones de Guitarra

English Adaptation By
BERNARD A. MOORE

RICORDI AMERICANA
Associated Music Publishers, Inc. Sole Selling Agent for the U.S.A.

DISTRIBUTED BY

HAL•LEONARD®
CORPORATION
7777 W. BLUEMOUND RD. P.O. BOX 13819 MILWAUKEE, WI 53213

A LOS MAESTROS:

Recomiendo muy especialmente se enseñe al alumno a acentuar las notas (sistema Tárrega) es decir que los dedos indice, mayor y anular de la mano derecha, al pulsar las primeras lecciones, deslicen la yema del dedo sobre la cuerda, hiriendo con la uña, que deberá ser corta, y caiga el dedo sobre la cuerda inmediata inferior, modalidad que yo le llamo "apoyar" (1) y designo con el signo Λ . En mi obra "Técnica Superior de la Guitarra", doy mayores detalles al respecto.

Es también conveniente que los maestros hagan estudiar a los alumnos que nada saben, las explicaciones que transcribo más abajo, dedicadas a ellos.

TO THE TEACHER:

After thirty years of teaching the guitar, I have found, more than once, that there are difficulties for the beginner in the use of existing methods-the principles of which are deficient and difficult-because initial studies are not arranged in progressive order and demand great effort to learn the position of the notes. Therefore, I have decided to publish this book, completed some time ago, and I have successfully introduced it into practice with students who have no prior musical knowledge.

I have no doubt that the use of this book will simplify the teacher's job.

It will appear that there is much repetition of the basic principles but this is necessary in some cases. It can be reduced by giving the lessons simultaneously or by simply skipping the redundant lesson. It is necessary to be aware of each student's intellectual capacity.

It is recommended that the student be taught rest strokes (acentuar las notas--Tarega's system): the index, middle, and ring fingers of the right hand strike with the flesh and nail (which must be short) and then rest on the adjacent string. This method is called rest stroke and is represented by the following mark Λ . More details can be found in my other book, *Tecnica Superior de la Guitarra* (Advanced Guitar Technique), published simultaneously with this book.

Teachers will find it convenient to use the following instructions in teaching novice students.

A LOS ALUMNOS QUE VAN A EMPEZAR

Lo que deben estudiar teóricamente de memoria.

Mano Izquierda
Indice N° 1, mayor N° 2, anular N° 3, meñique N° 4, el pulgar no se emplea.
Los dedos de dicha mano deben oprimir las cuerdas con la parte extrema o punta, doblando la primer falange en forma de martillo y lo más cerca posible de la división o traste.

Mano Derecha
Los dedos de la mano derecha se designan con las letras iniciales del nombre de cada dedo, a saber: pulgar: p – indice: i – major: m – anular: a.
El meñique no se emplea sino en caso necesario, (el autor de esta obra no lo emplea nunca).
El cero indica la cuerda al aire o sea libre.
El signo Λ significa "acentuar", es decir que el dedo de la mano derecha que hirió la cuerda debe caer en la cuerda inmediata inferior, a cuyo efecto se pulsará la cuerda haciendo deslizar la yema del dedo hecia atrás y atacando con la uña que deberá ser más bien corta.
Los números entre paréntesis o dentro de un circulito significan la cuerda; de manera que un tres entre paréntesis (3) quiere decir tercera cuerda, un cuatro (4) cuarta cuerda, etc.
Los números grandes 'con una "a" significan barra o ceja, asi pues un cinco grande con una "a" en esta forma (5ª) significa barra en quinto traste.
Resumiendo se deberá recordar: 1° Los números, designan los dedos de la mano izquierda. 2° Los números entre paréntesis o dentro de un circulito, designan las cuerdas. 3° Los números grandes con una "a" designan barra. 4° El signo Λ nota acentuada. 5° El cero indica cuerda al aire.

TO THE BEGINNING STUDENT:

You should memorize the following.
Left Hand Fingers.
Index--No. 1; Middle--No. 2; Ring--No. 3; Little--No. 4; the thumb is not used.

The fingers of the Left hand must press on the string with the flesh, flexing the first joint in a hammer like fashion close to the fret.
Right Hand

The fingers of the right hand are labelled with the initial letter of the name of each finger: pulgar (thumb)--p; indice (index)--i, mayor (middle)--m; anular (ring)--a.
The little finger is rarely used except when absolutely necessary (the author never uses the little finger).
O indicates an open string.
The sign Λ signifies a rest stroke. The flesh of the finger strikes the string and then comes to rest on the adjacent string.

The numbers in parenthesis or in a circle signify a string. For example, a three in parenthesis means the note is played on the third string. Likewise for ① , ② , ④ , ⑤ , 6 .

The big numbers with an "a" next to them means to bar, thus, for example, a five followed by an "a" means to bar on the fifth fret.

In summary: 1) The numbers signify the fingers of the left hand; 2) Numbers between parenthesis or in circles signify strings; 3) The big numbers followed by an "a" signify to bar; 4) The sign Λ signifies a rest stroke; 5) a O signifies a open string.
Note (5): All notes not marked with Λ are to be played as "free strokes".
Note: If the player does not use a "rest stroke" he must use a "free stroke" meaning that the right hand finger that plays the string does not come to rest on the adjacent string.

Translator's Note

It is my wish to form a bridge for the student leading to the understanding of the guitar through the words and music of Mr. Sagreras, a true guitarist who understands the needs of the Student.

Bernard Moore
Guitarist

It should be mentioned that *"2nd Lessons for the Guitar (Vol. II) is also available."*

LAS PRIMERAS LECCIONES
GUITARRA

Por el maestro Julio S. Sagreras

Hace cerca de veinte años hablando con mi distinguido colega el eximio guitarrista Miguel Llobet al preguntarle que enseñaba como primera lección a los que no sabían nada, me contestó que hacía tocar las cuerdas al aire repetidas veces, para acostumbrar los dedos a pulsar, aunque el alumno no se diera cuenta (en un principio) las notas que producía; dicha práctica es inmejorable, pues hay que darse cuenta de lo difícil que esa primera lección, en que se enseña al alumno la buena posición de la guitarra.

By Julio S. Sagreras

Twenty years ago, I spoke with my coleague, the great guitarist, Miguel Llobet. I asked him what he used to teach beginners. He answered that he began with repetition of the open strings, even if the beginner did not know what notes he was playing, in order to train the fingers. That method has proved itself because it is very difficult, initially, to know the position of the notes on the guitar.

Base 1a., desde el Do de la 5a. hasta el Sol de la 3a.

Scale 1 from C on the 5th String to G on the 3rd String

Hágase presente al alumno que los puntos puestos al lado del número que indica la cuerda, significa que las demás notas que siguen, corresponden a esa misma cuerda.

Instruct the student that all the notes to be played on the same string are designated by dots following the number which is enclosed in either a parenthesis or a circle.

AMP-7754

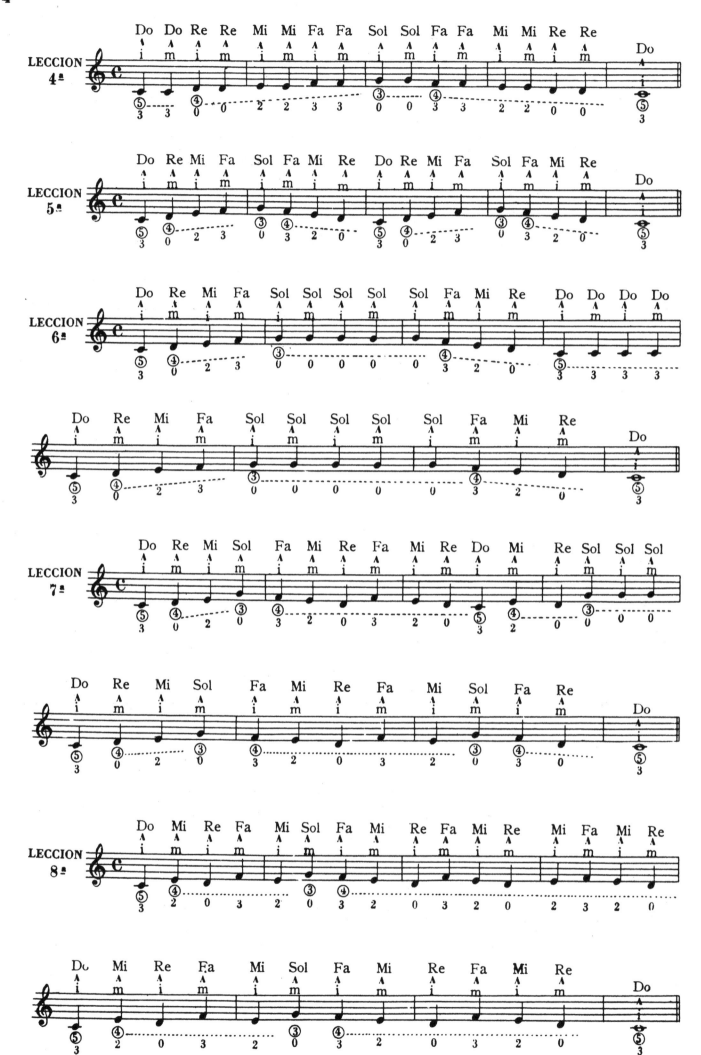

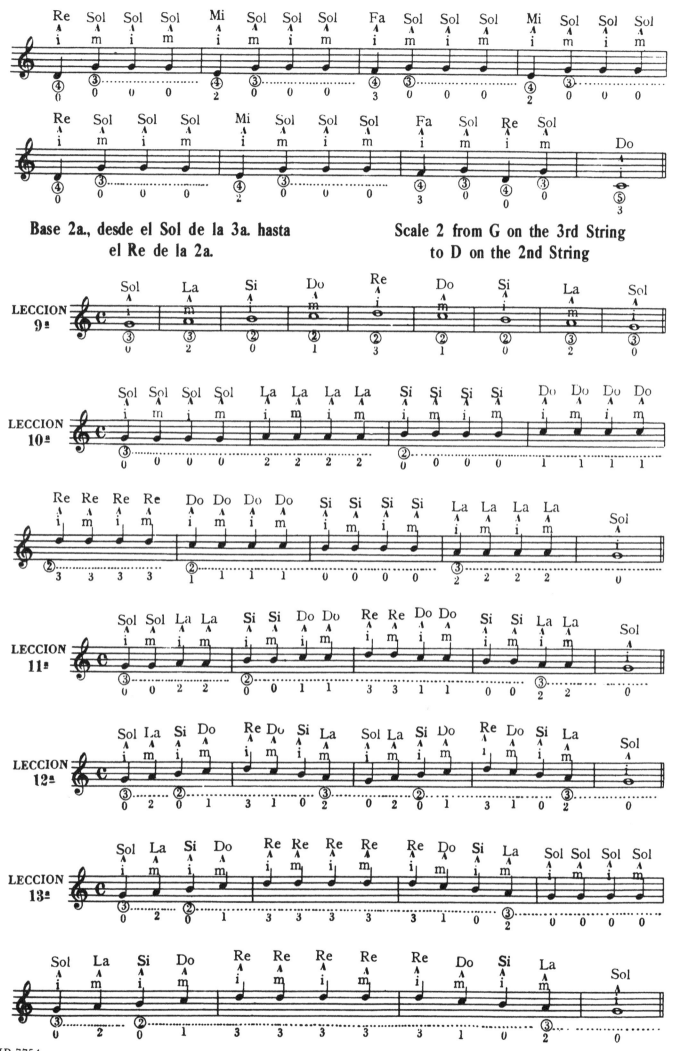

Base 2a., desde el Sol de la 3a. hasta el Re de la 2a.

Scale 2 from G on the 3rd String to D on the 2nd String

6

Las dos primeras bases reunidas   The first two scales combined

Base 3a., desde el Do de la 2a. hasta   Scale 3 from C on the 2nd String
el Sol de la 1a.   to G on the 1st String

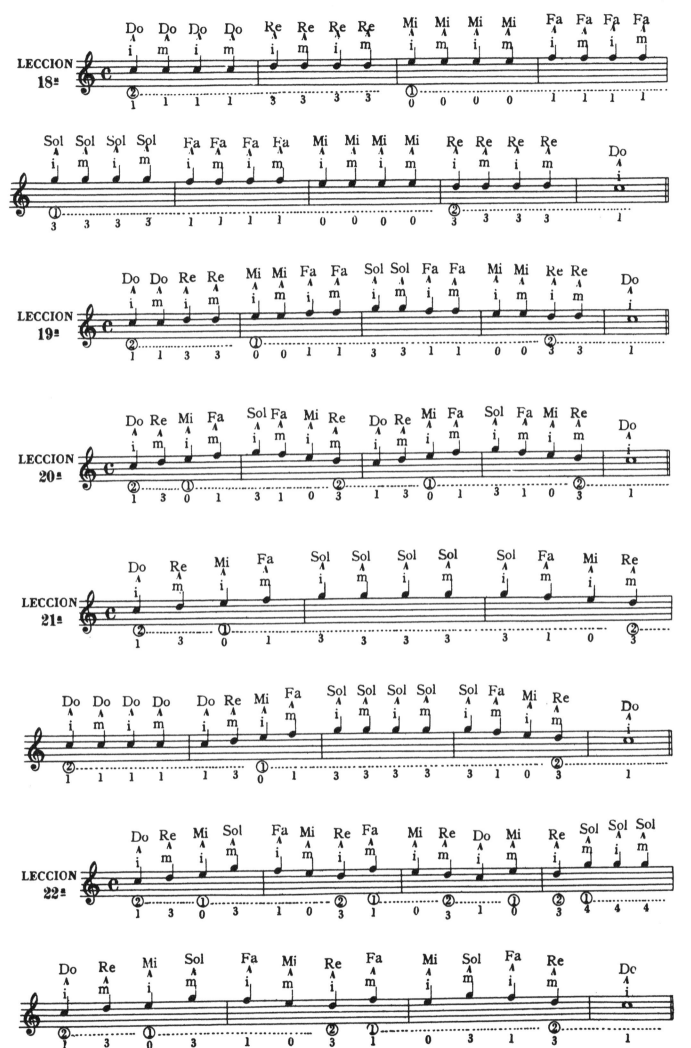

Las tres primeras bases reunidas

The first three scales combined

Base 4a., desde el Sol de la 6a. hasta
el Re de la 4a.

Scale 4 from G on the 6th String
to D on the 4th String

Base 5a., desde el Mi de la 6a. hasta el Si de la 5a.

Scale 5 from E on the 6th String to B on the 5th String

Todas las bases reunidas

All scales combined

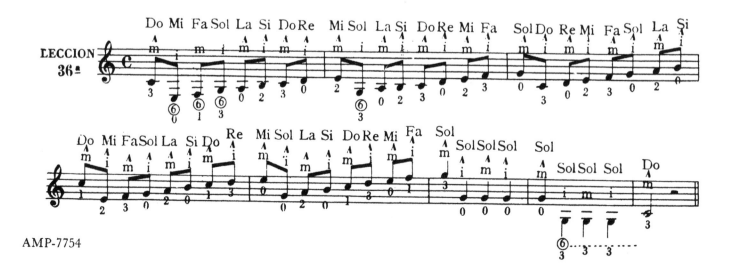

ESCALA CROMATICA (2 Octavas)   CHROMATIC SCALE (2 Octaves)

Nota: En la manera de escribir la escala cromática que va a continución, el autor no ha querido ser muy estricto en la observancia de las reglas que rigen al respecto para no complicar el studio al alumno, pues la intención es la de hacerle conocer el efecto del sostenido únicamente.

Note: To avoid complications for the beginning student, the following chromatic scale is not written to be practiced in a strict manner. Therefore, the intention is to show the student the effect of the sharp notes.

En esta lección interviene por primera vez el pulgar de la mano derecha; con él se debe pulsar el bajo tomando al principio poco cuerda, el dedo algo de costado, en dirección a la 1ª y ligeramente hacia arriba. Sirve también este estudio para aprender las notas en distintas octavas. Expresamente desde esta lección en adelante, se omite poner el nombre de la nota y su ubicación.

In this lesson, for the first time the thumb of the right hand is used; the bass is played lightly with the side of the thumb toward the first string and slightly upwards (a freestroke). These studies are also useful in playing notes in different octaves.

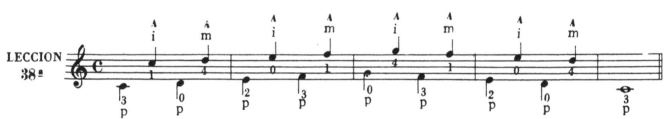

Esta lección es casi igual a la anterior y es interesante, porque con ella aprenderá el alumno a tocar más adelante simultáneamente el bajo y la nota aguda, acentuando esta última; por elo debe tenerse muy buen cuidado al practicarla, preparando los dedos de la mano derecha antes de hacer cada movimiento y tomando poca cuerda con el dedo pulgar, para que pueda zafar más fácilmente y acentuar bien la nota aguda.

This lesson is similar to the previous one because the student will learn to play the base and the high note simultaneously, accentuating the high note. Therefore, during practice, the student must be sure to prepare the fingers of the right hand before performing each movement and to play the string lightly with the thumb. In this way, the high notes will appear to be more accentuated in comparison. Note: Thumb preceedes higher note slightly.

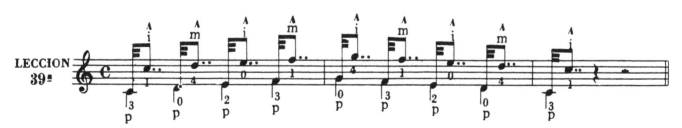

En la lección que va a continuación, intervienen por primera vez tres dedos de la mano derecha en un orden fijo de pulgar, índice y mayor. La mano izquierda preparará íntegra la posición de cada compás, le que no se moverá hasta el compás siguiente. En esta lección no se acentúa ninguna nota.

In the following lesson, play for the first time the three fingers of the right hand in a fixed sequence--thumb, index, and middle. The left hand will prepare the position of each measure in advance. This position will not be altered until the next measure. In this lesson, no note is accentuated. (No rest stroke.)

Esta lección es igual a la anterior, con la pequeña diferencia que los dedos índice y major pulsan simultáneamente, haciendo un movimiento hacia la palma de la mano.

This lesson is similar to lesson 40 with the difference that the index and middle fingers play together as one unit in a movement toward the palm.

Aunque ya en la lección 37ª al estudiar la escala cromática, el alumno ha aprendido el efecto del sostenido (♯); como en este estudio se presenta por primera vez, bueno será que el maestro repita la explicación.

Although, the student has learned the effect of the sharp (♯) note, in lesson 37. As these studies are being presented for the first time, the teacher should repeat the explanation.

En este estudio interviene por primera vez el dedo anular de la mano derecha, conjuntamente con el pulgar, índice y medio. Deberá ser observada estrictamente la digitación marcada. En cuanto a los dedos de la mano izquierda irán pisando las notas a medida que se nesiten. Sirve t ambién este estudio para aprender las notas en tres distintas octavas.

In this lesson, for the first time, there is the use of the ring finger in conjunction with the index and middle fingers and the thumb. Therefore, the fingering should be observed strictly. The fingers of the left hand should *press the notes as needed*. This study is also used to learn the notes in three different octaves.

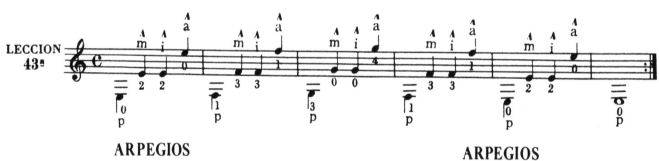

ARPEGIOS

En esta lección, se presenta por primera vez el caso de posición fija en la mano izquierda y también como novedad, el caso de que con la mano derecha, se acentúan únicamente las notas que pulsa el dedo anular que son todas las que se tocan en la prima. Desde esta lección exigirá el maestro que el alumno haga bien marcada le diferencia er la aplicación de la fuerza, de manera que se destaque neta mente con firmeza pero sin violencia las notas de la prima.

ARPEGIOS

This lesson presents for the first time the fixed position of the left hand, and also the fact that the ring finger accentuates notes on the first string (Rest stroke). For this lesson the teacher hopes to instruct the student in the moderate use of force when using the ring finger. Notes should be struck firmly but not violently.

ACORDES

CHORDS

En esta lección aparecen por primera vez los acordes.

Es preferible que el alumno los toque al principio más bien débilmente, tomando poca cuerda con la punta de los dedos y haciendo el movimiento hacia la palma de la mano.

In this lesson, chords appear for the first time.

I prefer that the student play lightly using the flesh of the fingers with a movement toward the palm. Note fingers I.M.A. use as a fixed unit. Moving together, one motion.

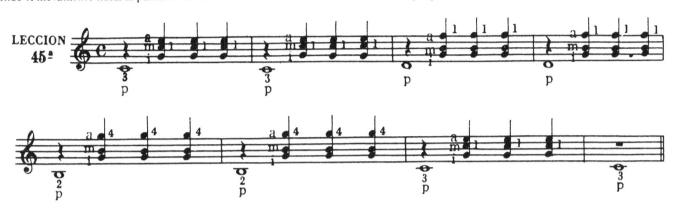

Reproduzco la misma indicación que hice para la lección 44ª, en lo relativo a la fuerza y acentuación de las notas de la 1ª.

Deberá el maestro advertir al alumno que el número 3 puesto sobre cada grupo, indicando tresillo, nada tiene que ver con los números que indican los dedos de la mano izquierda.

Repeat the same instructions as in lesson 44 related to force and accentuation of notes on the first string (Rest stroke). The teacher should point out that the number 3 above each group indicates a triplet. This number is not related to the numbers used with the left hand.

La misma indicación que para la lección 45ª.

The same instructions as lesson 45.

La misma indicación de fuerza y acentuación de los dedos de la mano derecha, recomendada en las leciones 44ª y 46ª.

Same instructions for the use of force and accentuation of the right hand fingers as recommended in 44 and 46.

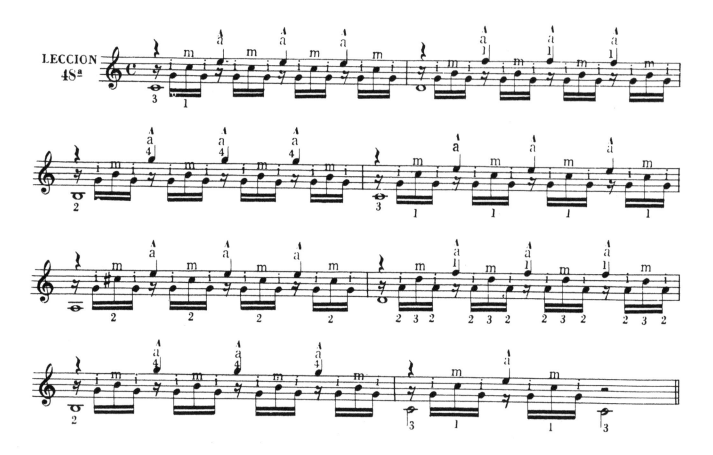

En esta lección se pasa por primera vez a la 2ª posición, pues interviene el "la" de 5ª espacio de la 1ª.

Para pasar de la posición del 4i compás a la sig uiente, deberá hacerse practicar en esta forma: levantar el dedo del "la" de la 3ª y correr el primer dedo desde el "do" al "Do♯" sin levantarlo de la cuerda. Esta modalidad se llama "portamento" y se designa con una raya de unión asi ╱ ó ⌐ .

In this lesson, we go, for the first time, to the second position. Thus, the A of the first string is located on the fifth fret. Shifting from the fourth measure to the next should be practiced in the following way: Lift the finger playing A on the third string and slide the first finger from C to C♯ without lifting up from the string. This is called a "portamento" and is designated by the following marks ╱ or ⌐ .

15

Estos acordes de cuatro notas, deberán pulsarse al principio con poca fuerza, levantando ligeramente la mano derecha en cada uno; los dedos índice, mayor y anular en dirección a la palma de la mano y el pulgar hasta unirse al índice.

At first, these four note chords must be played with little force, lifting the fingers slightly after each chord. The index, middle and ring fingers should move toward the palm of the hand simultaneously as one unit and the thumb to meet the index finger.

Se presenta por primera vez el caso de tener que pulsar simultáneamente el bajo y nota aguda acentuada y aunque ya el alumno, ha aprendido en la lección 39ª la manera de hacerlo, si tiene alguna dificultad, hágasele practicar, arpegiando los dos sonidos, pulsando algo antes, el bajo.

The simultaneous playing of the bass and accentuated high note is presented here for the first time. If he has difficulty, the student must practice playing both sounds in an arepgio fashion, playing the bass slightly before the high note, as in lesson 39.

Las notas de la 1ª más fuertes y acentuadas. En la posición del primer compás, si cuesta mucho al alumno poner el tercer dedo en la 6ª cuerda, podrá poner el segundo, como prefier casi siempre Aguado. Deberá hacerse presente el sostenido en fa de la llave.

If the student has difficulty putting the third finger on the sixth string at the third fret, he could use the second finger instead. It should be noted that the sharp indicates the key of G.

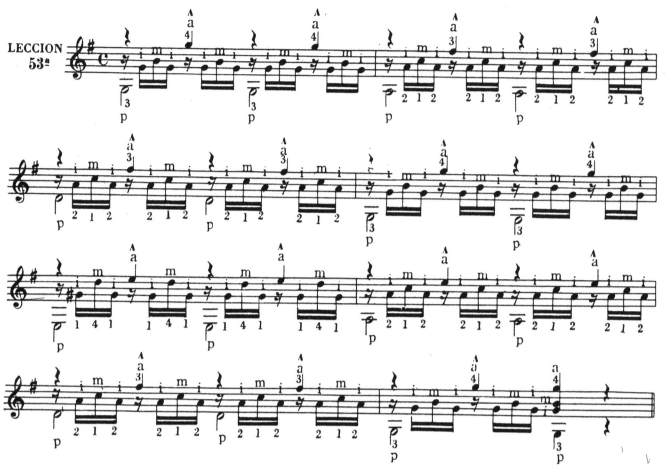

En esta lección se usa por primera vez el Si de la 3ª cuerda. El maestro deberá explicar, que el 4° espacio da la 3ª es la misma nota que la 2ª al aire.

In this lesson, the B of the 3rd string is used for the first time. The teacher should explain that the 4th fret of the third string produces the same note as the second open string.

Se presenta por primera vez el bemol (♭). El maestro explicará sus efectos y que el Si de tercera línea del pentagrama, siendo bemol se encuentra en el tercer espacio de la 3ª cuerda en lugar de la 2ª al aire. Se presenta por primera vez el caso de hacer media barra, que se efectúa extendiendo el primer dedo de la mano izquierda hasta la tercera cuerda, aplicándola de plano y oprimiendo las tres cuerdas,1ª, 2ª y 3ª.

B flat (♭) is presented here for the first time. The teacher will explain its effects and that it is found on the third fret of the 3rd string instead of on the 2nd open string. Also presented for the first time is the half bar which is done by extending the first finger of the left hand to the third string, applying pressure evenly to the first three strings. See measure 6.

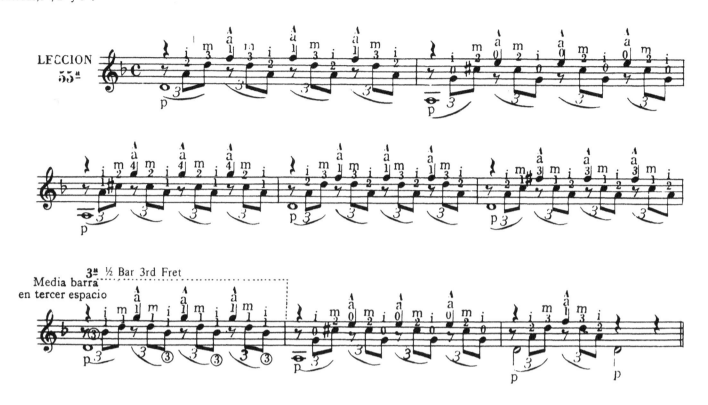

Hay que tener cuidado en la lección siguiente que unas notas son acentuadas (o apoyadas) y otras no lo son.

Keep in mind in this lesson that certain notes are accentuated and others are not.

Note accented = Rest Stroke – all others = free strokes

AMP-7754

La lección que va a continuación es en realidad algo más fácil que la anterior, pero como el alumno leerá por primera vez en compás de 6/8, le he dado esta colocación.

This lesson is easier than the last one but here the student will read in 6/8 time for the first time.

En esta lección no se debe acentuar ninguna nota.

In this lesson, there is no accentuation.

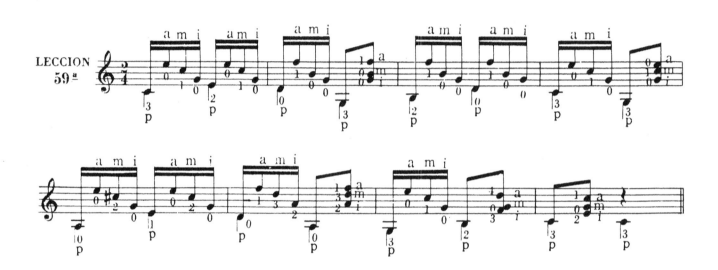

El maestro recomendará al alumno en la lección 60 que sigue, pulse muy suavemente el acompañamiento del segundo compás (dos golpes de fa-sol y que en cambio pulse fuertemente el "re" del canto para que perdure su sonido. El mismo cuidado degerá tener en el cuarto compás y en el 2° y 4° de la segunda parte. Debe darse a esta lección un movimiento muy moderado de vals. Atención a las notas acentuadas.

Here, the student should play the accompaniement of the second measure softly and strike the D of the melody strongly so that the note resounds. The same applies to the fourth measure and to the second and fourth measures of the second part. This lesson should have a waltz like quality. Pay attention to accentuated notes.

En esta lección 61, se advertirá al alumno que debe evitar los movimientos inútiles de mano izquierda; por ejemplo, al comenzar, el mi de la cuarta cuerda, debe mantenerse firme seis compases, el fa de la misma cuerda, los tres compases subsiguientes, etc.

Debe tenerse cuidado también de la fuerza aplicada con la mano derecha, pues el bajo (que es el que hace el canto), debe ser pulsado más fuerte que el acompañamiento, pudiendo ser acentuado o apoyado y mantenido en todo su valor. El ritmo de esta lección es de vals algo menos moderado que la lección anterior. El pulgar al apoyar las notas bajas, que hacen el canto, debe caer sobre la cuerda immediata superior.

In this lesson, the student must avoid useless movement of the left hand. For example, the E of the fourth string must be maintained for six bars, the F of the same string must be maintained for 3 bars, etc.

Be aware of the force applied by the right hand. Thus the bass must be played more strongly than the accompaniement and should be accentuated and maintained. Use a waltz rhythm in the lesson. The thumb should strike the bass notes, which produce the melody and should come to rest on the adjacent strings. (Rest stroke)

En la lección que va a continuación, el maestro deberá observar cuidadosamente si el alumno se ajusta estrictamente a la digitación de la mano derecha marcada. El mismo cuidado deberá tenerse en la observancia de las notas acentuadas o apoyadas.

In this lesson, the teacher should observe whether the student is following the right hand marking. The same observation should be maintained for accentuated notes. (rest stroke)

Las notas del canto que son las agudas, deben ser ejecutadas más fuertes y acentuadas.

The high notes of the melody must be played strongly with accentuation. (rest strokes)

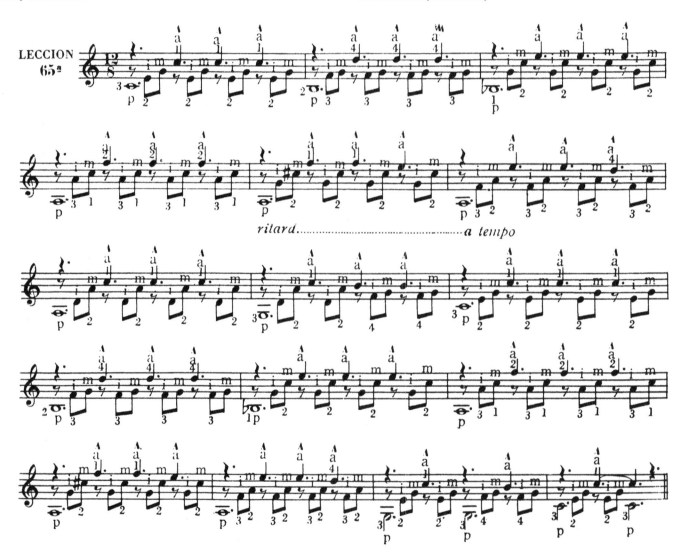

En la lección 66 siguiente deberá también el maestro hacer observar al alumno la estricta oberrvancia de la digitación de la mano derecha marcada y las notas acentua das o apoyadas. Al pasar del compás cuarto al quinto, los dedos 1 y 3 la mano izquierda que pisan el "do" de la segunda cuerda y el "do" de la quinta, deben correrse sin levantarlos de la cuerda, el espacio inmediato superior o sean los dos "do ♯"

In this lesson, the teacher should make the student observe the right hand marking and the accentuated notes. To move from the fourth measure to the fifth, fingers one and three of the left hand which press on C of the second and fifth strings must slide without lifting off the string to the C ♯ 's in measure 5.

Hay que tener cuidado con el empleo de los dedos de la mano derecha y acentuación de las notas del canto.

The student must be sure to accentuate the melody notes with the right hand.

El maestro podrá hacer apoyar o no, las notas que pulsa el dedo pulgar, menos el "re" del octave compás que no debe ser apoyado, pues ya lo está el re de la 2ª cuerda que se ejecuta conjuntamente.

All the notes played by the thumb should be emphasized with the exception of D in the eighth measure which is played in conjunction with the D melody note an octave higher.

En este estudio, unas notas del canto son acentuadas y otras no; hay que observar bien la acentuacion marcada.

In this lesson, the notes of the melody are accentuated and the others are not. Observe the accentuations.

Explicará el maestro al alumno lo que son ligados de valor, es decir, los que existen entre dos notas iguales y sus efectos.

The teacher should explain the meaning of ties (ligado). This means that two or more notes are linked and have the effect of one note.

Recomiendo muy especialmente la práctica de esta lección para la mano derecha. Hay que respetar estrictamente la digitación de la misma y la fuerza de las notas acentuadas. Todas las notas "sol" de la 3ª al aire en todo el estudio, deben sonar muy débilmente.

I recommend this lesson for the right hand. Pay strict attention to the marking and to the force of the accentuated note. In this lesson, all the G notes should be played softly.

El maestro explicará al alumno el caso del equisono del compás 11 en donde deben ejecutarse simultáneamente el "mi" de la segunda cuerda y el "mi" de la prima.

The teacher should explain that in the 11th bar, the E of the second string and the E of the first string must be played simultaneously.

El maestro hará que el alumno apoye con el pulgar todas las notas señaladas con el signo ∧, las que deben sonar mucho mas fuerte que las demás, de la lección 73.

The teacher will explain how to strike accentuated notes. These must sound louder than those in lesson 73.

El maestro explicará la manera de ejecutar la última nota de la lección 76 o sea el armónico simple· del "re" de la cuarta cuerda. Aconsejo que siempre que sea posible, los armónicos hechos, o mejor dicho pulsados por el dedo pulgar, sean apoyados, debiendo en ese caso caer dicho dedo sobre la cuerda immediata superior y ejecutando el miovimiento con la mano derecha algo más cerca del puente.

The teacher will explain how to play the last note of the lesson, that is, the harmonic of the D note on the 4th string. I suggest that harmonics played with the thumb should be played near the bridge.

LIGADOS DESCENDENTES

Este estudio es para la práctica de los ligados descendentes. Habrá que tener cuidado en enseñar a preparar las notas del ligado en el 2°, 3° y 5° compás, poniendo los dos dedos del ligado simultáneamente.

DESCENDING LEGATOS

This lesson practices descending legato. Care must be taken in teaching the preparation of the notes of the legatos. In the 2nd, 3rd, and 4th measures the two fingers of the legatos should be placed simultaneously.

LIGADOS ASCENDENTES

Para aprender los ligados ascendentes. — El dedo de la mano izquierda que produce el ligado, debe percutir con firmeza cerca de la división.

ASCENDING LEGATOS

The finger of the left hand which produces the legato must strike firmly near the fret.

Ligados ascendentes y descendentes. El dedo que pisa la nota inferior debe permanecer bien firme.

Ascending and descending legato. The finger which presses the lower note must be firmly in place.

Nota: En realidad, en los ligados descendentes, el dedo que debe hacer fuerza, no es el que produce el ligado, sino el que tiene que asegurar la cuerda para que no se corra. Hago esta observación, porque es general el empeño de hacer una fuerza exagerada con aquél en esos casos.

Note: In descending legato, the finger that applies pressure (the finger on the lower note) secures the string from movement while simultaneously a higher note is pressed by the finger, which when pulled off the string produces the legato. It is necessary to clarify this point because invariably when producing the descending legato, pressure is applied to the wrong finger.

Ligados con posición fija, algo más difíciles. Hágase preparar previamente la posición básica en cada compás.

Legato with fixed positions are more difficult. The basic position must be prepared in advance for each bar.

Insisto nuevamente aquí, en recordar que en todos los ligados descendentes, debe tenerse presente que no debe iniciarse el movimiento del ligado sin tener los dos dedos de la mano izquierda perfectamente colocados.

I insist that in all descending legatos, no movement be initiated until the two fingers of the left hand are perfectly positioned.

Estudio muy útil para la mano derecha. Los dedos anular, índice y pulgar en su caso, deben pulsar bien simultáneamente.

This study is useful for the right hand. Ring and index fingers and thumb must strike simultaneously.

LECCION·
84ª

Acostúmbrese al alumno a interpretar de acuerdo con lo que marca este estudio. El cero indica la cuerda al aire, o sea libre.

The student must accustom himself to playing according to the marks in this study. O indicates an open string.

ESCALAS MAYORES DE DOS OCTAVES — MAJOR SCALES OF TWO OCTAVES

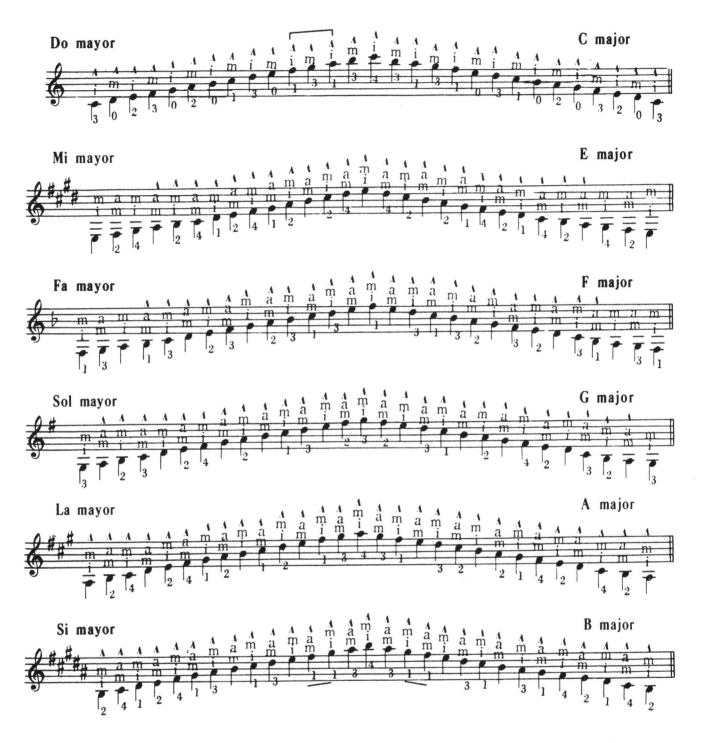

ESCALAS MEMORES MELODICAS DE DOS OCTAVAS — MELODIC MINOR SCALES OF TWO OCTAVES

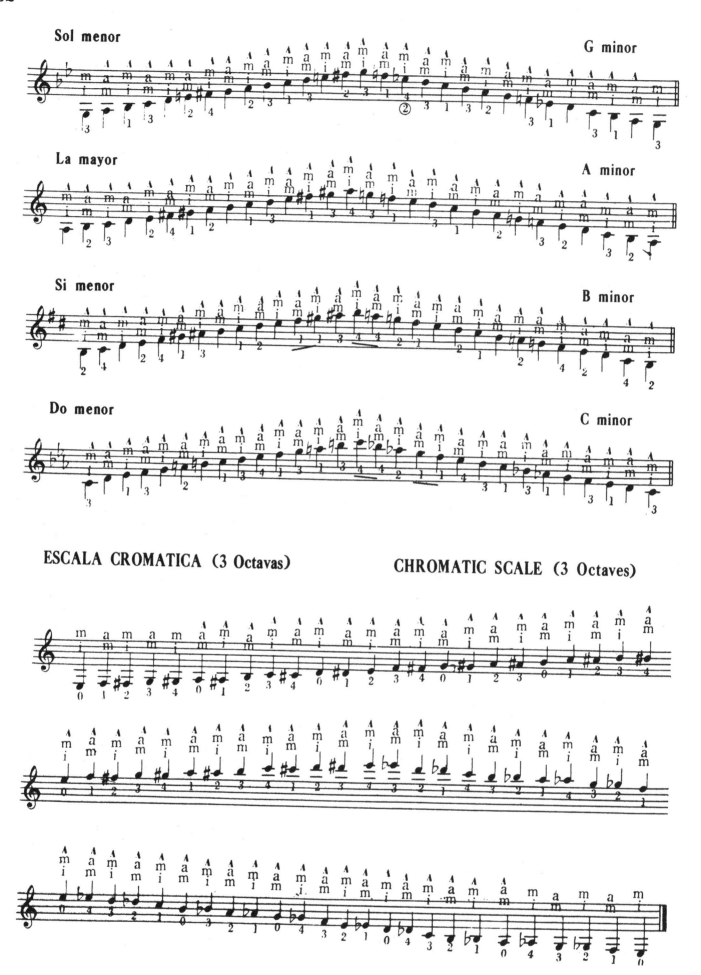

ESCALA CROMATICA (3 Octavas)   **CHROMATIC SCALE** (3 Octaves)

Nota: El autor está perfectamente enterado de las reglas que rigen para la escritura de la escala cromática y si no las ha observado ha sido únicamente porque cree facilitar la lectura a los alumnos, escribiéndola tal cual está.

Note: The author is perfectly aware of the standard rules of writing the chromatic scale. If he has not followed them it is because he wishes to make the reading of it Less Complicated.